書名：命理斷語義理源深
系列：心一堂術數珍本古籍叢刊　星命類
主編、責任編輯：陳劍聰
心一堂術數古籍珍本叢刊編校小組：陳劍聰　素聞　梁松盛　鄒偉才　虛白盧主

出版：心一堂有限公司
通訊地址：香港九龍旺角彌敦道六一〇號荷李活商業中心十八樓〇五－〇六室
深港讀者服務中心：中國深圳市羅湖區立新路六號羅湖商業大廈負一層〇〇八室
電話號碼：(852)67150840
網址：publish.sunyata.cc
電郵：sunyatabook@gmail.com
網店：http://book.sunyata.cc
淘寶店地址：https://shop210782774.taobao.com
微店地址：https://weidian.com/s/1212826297
臉書：https://www.facebook.com/sunyatabook
讀者論壇：http://bbs.sunyata.cc/

版次：二零二一年十月初版
平裝

定價：港幣　一百九十八元正
　　　人民幣　一百九十八元正
　　　新台幣　七百九十元正

國際書號：ISBN 978-988-8058-87-7

香港發行：香港聯合書刊物流有限公司
地址：香港新界大埔汀麗路36號中華商務印刷大廈3樓
電話號碼：(852)2150-2100
傳真號碼：(852)2407-3062
電郵：info@suplogistics.com.hk

台灣發行：秀威資訊科技股份有限公司
地址：台灣台北市內湖區瑞光路七十六巷六十五號一樓
電話號碼：+886-2-2796-3638
傳真號碼：+886-2-2796-1377
網絡書店：www.bodbooks.com.tw
台灣國家書店讀者服務中心：
地址：台灣台北市中山區松江路二〇九號一樓
電話號碼：+886-2-2518-0207
傳真號碼：+886-2-2518-0778
網絡書店：http://www.govbooks.com.tw

中國大陸發行　零售：深圳心一堂文化傳播有限公司
深圳地址：深圳市羅湖區立新路六號羅湖商業大廈負一層〇〇八室
電話號碼：(86)0755-82224934

心一堂微店二維碼

心一堂淘寶店二維碼

心一堂術數古籍珍本叢刊 總序

術數定義

術數，大概可謂以「推算、推演人（個人、群體、國家等）、事、物、自然現象、時間、空間方位等規律及氣數，並或通過種種『方術』，從而達致趨吉避凶或某種特定目的」之知識體系和方法。

術數類別

我國術數的內容類別，歷代不盡相同，例如《漢書・藝文志》中載，漢代術數有六類：天文、曆譜、無行、蓍龜、雜占、形法。至清代《四庫全書》，術數類則有：數學、占候、相宅相墓、占卜、命書、相書、陰陽五行、雜技術等，其他如《後漢書・方術部》、《藝文類聚・方術部》、《太平御覽・方術部》等，對於術數的分類，皆有差異。古代多把天文、曆譜、及部份數學均歸入術數類，而民間流行亦視傳統醫學作為術數的一環；此外，有些術數與宗教中的方術亦往往難以分開。現代學界則常將各種術數歸納為五大類別：命、卜、相、醫、山，通稱「五術」。

本叢刊在《四庫全書》的分類基礎上，將術數分為九大類別：占筮、星命、相術、堪輿、選擇、三式、讖緯、理數（陰陽五行）、雜術。而未收天文、曆譜、算術、宗教方術、醫學。

術數思想與發展——從術到學，乃至合道

我國術數是由上古的占星、卜蓍、形法等術發展下來的。其中卜蓍之術，是歷經夏商周三代而通過「龜卜、蓍筮」得出卜（卦）辭的一種預測（吉凶成敗）術，之後歸納並結集成書，此即現傳之《易經》。經過春秋戰國至秦漢之際，受到當時諸子百家的影響、儒家的推崇，遂有《易傳》等的出現，原本是卜蓍術書的《易經》，被提升及解讀成有包涵「天地之道（理）」之學。因此，《易・繫辭傳》曰：「易與天地準，故能彌綸天地之道。」

漢代以後，易學中的陰陽學說，與五行、九宮、干支、氣運、災變、律曆、卦氣、讖緯、天人感應說等相結

合，形成易學中象數系統。而其他原與《易經》本來沒有關係的術數，如占星、形法、選擇，亦漸漸以易理（象數學說）為依歸。《四庫全書・易類小序》云：「術數之興，多在秦漢以後。要其旨，不出乎陰陽五行，生尅制化。實皆《易》之支派，傅以雜說耳。」至此，術數可謂已由「術」發展成「學」。

及至宋代，術數理論與理學中的河圖洛書、太極圖、邵雍先天之學及皇極經世等學說給合，通過術數以演繹理學中「天地中有一太極，萬物中各有一太極」（《朱子語類》）的思想。術數理論不單已發展至十分成熟，而且也從其學理中衍生一些新的方法或理論，如《梅花易數》、《河洛理數》等。

在傳統上，術數功能往往不止於僅僅作為趨吉避凶的方術，及「能彌綸天地之道」的學問，亦有其「修心養性」的功能，「與道合一」（修道）的內涵。《素問・上古天真論》：「上古之人，其知道者，法於陰陽，和於術數。」數之意義，不單是外在的算數、歷數、氣數，而是與理學中同等的「道」、「理」——心性的功能，北宋理氣家邵雍對此多有發揮：「聖人之心，是亦數也」、「萬化萬事生乎心」、「心為太極」。《觀物外篇》：「先天之學，心法也。……蓋天地萬物之理，盡在其中矣，心一而不分，則能應萬物。」反過來說，宋代的術數理論，受到當時理學、佛道及宋易影響，認為心性本質上是等同天地之太極。天地萬物氣數規律，能通過內觀自心而有所感知，即是內心也已具備有術數的推演及預測、感知能力；相傳是邵雍所創之《梅花易數》，便是在這樣的背景下誕生。

《易・文言傳》已有「積善之家，必有餘慶；積不善之家，必有餘殃」之說，至漢代流行的災變說及讖緯說，我國數千年來都認為天災，異常天象（自然現象），皆與一國或一地的施政者失德有關；下至家族、個人之盛衰，也都與一族一人之德行修養有關。因此，我國術數中除了吉凶盛衰理數之外，人心的德行修養，也是趨吉避凶的一個關鍵因素。

術數與宗教、修道

在這種思想之下，我國術數不單只是附屬於巫術或宗教行為的方術，又往往已是一種宗教的修煉手段——通過術數，以知陰陽，乃至合陰陽（道）。「其知道者，法於陰陽，和於術數。」例如，「奇門遁甲」術中，即分為「術奇門」與「法奇門」兩大類。「法奇門」中有大量道教中符籙、手印、存想、內煉的內容，是道教內丹外法的一種重要外法修煉體系。甚至在雷法一系的修煉上，亦大量應用了術數內容。此外，相術、堪輿術中也有修煉望氣色的方法；堪輿家除了選擇陰陽宅之吉凶外，也有道教中選擇適合修道環境（法、財、侶、地中的地）的方法，以至通過堪輿術觀察天地山川陰陽之氣，亦成為領悟陰陽金丹大道的一途。

易學體系以外的術數與的少數民族的術數

我國術數中，也有不用或不全用易理作為其理論依據的，如楊雄的《太玄》、司馬光的《潛虛》。也有一些占卜法、雜術不屬於《易經》系統，不過對後世影響較少而已。

外來宗教及少數民族中也有不少雖受漢文化影響（如陰陽、五行、二十八宿等學說）但仍自成系統的術數，如古代的西夏、突厥、吐魯番等占卜及星占術，藏族中有多種藏傳佛教占卜術、苯教占卜術、擇吉術、推命術、相術等；北方少數民族有薩滿教占卜術；不少少數民族如水族、白族、布朗族、佤族、彝族、苗族等，皆有占雞（卦）草卜、雞蛋卜等術，納西族的占星術、占卜術，彝族畢摩的推命術、占卜術…等等，都是屬於《易經》體系以外的術數。相對上，外國傳入的術數以及其理論，對我國術數影響更大。

曆法、推步術與外來術數的影響

我國的術數與曆法的關係非常緊密。早期的術數中，很多是利用星宿或星宿組合的位置（如某星在某州或某宮某度）付予某種吉凶意義，并據之以推演，例如歲星（木星）、月將（某月太陽所躔之宮次）等。不過，由於不同的古代曆法推步的誤差及歲差的問題，若干年後，其術數所用之星辰的位置，已與真實星辰的位置不一樣了；此如歲星（木星），早期的曆法及術數以十二年為一周期（以應地支），與木星真實周期十一點八六年，每幾十年便錯一宮。後來術家又設一「太歲」的假想星體來解決，是歲星運行的相反，週期亦剛好是十二年。而術數中的神煞，很多即是根據太歲的位置而定。又如六壬術中的「月將」，原是立春節氣後太陽躔娵訾之次而稱作「登明亥將」，至宋代，因歲差的關係，要到雨水節氣後太陽才躔娵訾之次，當時沈括提出了修正，但明清時六壬術中「月將」仍然沿用宋代沈括修正的起法沒有再修正。

由於以真實星象周期的推步術是非常繁複，而且古代星象推步術本身亦有不少誤差，大多數術數除依曆書保留了太陽（節氣）、太陰（月相）的簡單宮次計算外，漸漸形成根據干支、日月等的各自起例，以起出其他具有不同含義的眾多假想星象及神煞系統。唐宋以後，我國絕大部份術數都主要沿用這一系統，也出現了不少完全脫離真實星象的術數，如《子平術》、《紫微斗數》、《鐵版神數》等。後來就連一些利用真實星辰位置的術數，如《七政四餘術》及選擇法中的《天星選擇》，也已與假想星象及神煞混合而使用了。

隨着古代外國曆（推步）、術數的傳入，如唐代傳入的印度曆法及術數，元代傳入的回回曆等，其中我國占星術便吸收了印度占星術中羅睺星、計都星等而形成四餘星，又通過阿拉伯占星術而吸收了其中來自希臘、巴比倫占星術的黃道十二宮、四元素學說（地、水、火、風），並與我國傳統的二十八宿、五行說、神煞系統並存而形成《七政四餘術》。此外，一些術數中的北斗星名，不用我國傳統的星名：天樞、天璿、天璣、天權、玉衡、開陽、搖光，而是使用來自印度梵文所譯的：貪狼、巨門、祿存、文曲，廉貞、武曲、破軍等，此明顯是受到唐代從印度傳入的曆法及占星術所影響。如星命術的《紫微斗數》及堪輿術的《撼龍經》等文獻中，其星皆用印度譯名。及至清初《時憲曆》，置潤之法則改用西法「定氣」。清代以後的術數，又作過不少的調整。

術數在古代社會及外國的影響

術數在古代社會中一直扮演着一個非常重要的角色，影響層面不單只是某一階層、某一職業、某一年齡的人，而是上自帝王，下至普通百姓，從出生到死亡，不論是生活上的小事如洗髮、出行等，大事如建房、入伙、出兵等，從個人、家族以至國家，從天文、氣象、地理到人事、軍事，從民俗、學術到宗教，都離不開術數的應用。如古代政府的中欽天監（司天監），除了負責天文、曆法、輿地之外，亦精通其他如星占、選擇、堪輿等術數，除在皇室人員及朝廷中應用外，也定期頒行日書、修定術數，使民間對於天文、日曆用事吉凶及使用其他術數時，有所依從。

在古代，我國的漢族術數，甚至影響遍及西夏、突厥、吐蕃、阿拉伯、印度、東南亞諸國、朝鮮、日本、越南等地，其中朝鮮、日本、越南等國，一至到了民國時期，仍然沿用着我國的多種術數。

術數研究

術數在我國古代社會雖然影響深遠，「是傳統中國理念中的一門科學，從傳統的陰陽、五行、九宮、八卦、河圖、洛書等觀念作大自然的研究。……傳統中國的天文學、數學、煉丹術等，要到上世紀中葉始受世界學者肯定。可是，術數還未受到應得的注意。術數在傳統中國科技史、思想史，文化史、社會史，甚至軍事史都有一定的影響。……更進一步了解術數，我們將更能了解中國歷史的全貌。」（何丙郁《術數、天文與醫學 中國科技史的新視野》，香港城市大學中國文化中心。）

可是術數至今一直不受正統學界所重視，加上術家藏秘自珍，又揚言天機不可洩漏，「（術數）乃吾國科學與哲學融貫而成一種學說，數千年來傳衍嬗變，或隱或現，全賴一二有心人為之繼續維繫，賴以不絕，其中確有學術上研究之價值，非徒癡人說夢，荒誕不經之謂也。其所以至今不能在科學中成立一種地位者，實有數困。蓋古代士大夫階級目醫卜星相為九流之學，多恥道之；而發明諸大師又故為惝恍迷離之辭，以待後人探索；間有一二賢者有所發明，亦秘莫如深，既恐洩天地之秘，復恐譏為旁門左道，始終不肯公開研究，成立一有系統說明之書籍，貽之後世。故居今日而欲研究此種學術，實一極困難之事。」（民國徐樂吾《子平真詮評註》，方重審序）

現存的術數古籍，除極少數是唐、宋、元的版本外，絕大多數是明、清兩代的版本。其內容也主要是明、清兩代流行的術數，唐宋以前的術數及其書籍，大部份均已失傳，只能從史料記載、出土文獻、敦煌遺書中稍窺一鱗半爪。

術數版本

坊間術數古籍版本，大多是晚清書坊之翻刻本及民國書賈之重排本，其中豕亥魚魯，或而任意增刪，往往文意全非，以至不能卒讀。現今不論是術數愛好者，還是民俗、史學、社會、文化、版本等學術研究者，要想得一常見術數書籍的善本、原版，已經非常困難，更遑論稿本、鈔本、孤本。在文獻不足及缺乏善本的情況下，要想對術數的源流、理法、及其影響，作全面深入的研究，幾不可能。

有見及此，本叢刊編校小組經多年努力及多方協助，在中國、韓國、日本等地區搜羅了一九四九年以前漢文為主的術數類善本、珍本、鈔本、孤本、稿本、批校本等千餘種，精選出其中最佳版本，以最新數碼技術清理、修復版面，更正明顯的錯訛，部份善本更以原色精印，務求更勝原本，以饗讀者。不過，限於編校小組的水平，版本選擇及考證、文字修正、提要內容等方面，恐有疏漏及舛誤之處，懇請方家不吝指正。

心一堂術數古籍珍本叢刊編校小組

二零零九年七月

論語云子罕言利與命與仁吾嘗讀中庸一書所云不偏不倚無過不及即繼善篇中所謂身弱者喜扶喜助身旺者宜剋宜削裁太過以補不及無非使其去偏倚而得中庸夫子雖未嘗显言而亦何嘗不言也子嘗云吾道一以貫之不知者泥耳余深究此理幸承所委爰細推之以為 先生趨避之鏡進觀 貴造

嘗思人列三才之中上戴天而下履地則星垣之躔次莫知不知地則氣候之遲速無辨合三才而並究舉東西南朔任意推求日

月星辰不遺叅考雖人事窮通富貴難以預知而得夫榮枯正可
前定第命理蘊奥非一知半解所可測其微星學還深匪片時寸
晷乃能通其奥既承下、委敢鹵莽而不經心逐一推明敬呈叅
酌　台造
竊聞一氣判而天地闢三才分而陰陽立洛出神龜河呈龍馬八
卦露太易之象九疇彰洪範之篇辨四時之氣候取五行之推遷
以支緯地以干經天下應五行之風土上應五事之經纏此命之

所由著而達人不可不知也

命之理微豈容易言四柱乃其大綱五行定其实用務要觀冬夏考進退稽隱現分晝夜別其拱鈎究其喜　忌察其經絡辨其强弱星雖高强而逢仇難何用主雖祿貴而遇虛隔則凶有合古書之貴格而果貴者亦有合古書之貴格而不貴者其間剖別精微非真傳实授正不得與人妄斷吉凶也吾愿知命者其鑒諸

命之理微至聖尚且罕言而况乎後學者乎然而人禀天地之氣生居覆載之间有富貴贫賤之不同得失榮枯之各異莫匪命也

余習幼星書授業名師雖未究其精微亦頗㮣其大畧故以ㄙㄙ
五星分經過度决四柱之吉凶察五行星之貴賤聊爲趨避之一助云爾
命稟于有生之初吉凶已定貴賤攸分非人所能爲然詩云天生
烝民其命匪諶又聞孔子云不知命無以爲君子也由是觀之明
示人以精究五星使知所趨避而相安乎命者也
命之微奧孔聖猶且罕言非後學所能㮣其萬一余幼習星書江
湖歷遍茲不能學究天人亦可頗分凶吉

命之善惡禀于有生之初所以成性成形或富或貴皆由上天所賦非人力之所能易者然命有善惡趨避可勝天功故星述之有有裨于人也豈淺鮮哉

今夫乾也者天也其静也專其動也直萬物之所以資始其形固無所不包者也然天炁包乎地之外而氣常行乎地之中坤則維地静與乾别其象為翕動與乾交其象為闢是以廣生之度著焉若夫同生于天地之間而冣靈者非人乎人禀天地氣之化以成形

即具健順五常之德以為性性者命之原也然究其命之原故足以參贊化育而詳其命之畧亦無難以剖其精微氣以清濁殊命固以貴賤異也夫是以貴賤分吉凶定是有命焉不可倖而致也人第知有是人即有是命而不知所以宰斯命者非人也天也地也無極而太極太極而陰陽陰陽之有五行也此人之所以生也然則由五行而推本于陰陽陰陽而推本于太極太極之復歸于無極也審此可以見天地之心矣況由五行而推測人之生平榮枯

盍有不畢見也哉
榮枯皆命也上為列星而作楫舟者命之本乎天也下自岳降而
輔聖明者命之因乎地也其人定勝天而不域乎地者命之寄乎
人也雖古今之人不相及而三才之理則一也予以末技遨遊〻
處有處士焉年逾弱冠詢之〻其姓〻其名其人素性行樸實常
放浪于詩酒之間問其年則曰八十歲也問其降生之期則曰〻
月是也予頗知天人之理欲即七政而詳推焉而其人亦以孰吉

孰凶何去何從決乎天乎知其後日之不徒以磊落終也嗟乎人之常爲貧賤而不能上達者豈其惡凶而逃之是有命焉不可倖而致也抑榮枯固有命耶然人知榮枯之由乎命而不知命之本乎天也人知命之本乎天而不知亦因乎地也且人知資生資始之由乎天地而不知人無所不至也天也地也人也皆命之理也

星命超凡指迷人歸正道引達士步雲衢家傳奧妙先天學腹貯熒煌列宿圖

淂意之中多淂意財源之上蔟財源〇風和喜意重〻至日暖芝蘭朶〻香〇雖在布衣之中而才谷過於他人〇▵運仁而未仁或時快論春生梧桐秋雨一起一伏盖有之矣 交脫之年事未竒一番白雪湿衣人〇財如春前之草喜若五夏紅蓮〇謂之憂愁恍惚古怪竒驚〇風前點燭烛浪裏處行船〇老運更添新氣象朱顏不改旧時容 家道興隆桂花馥郁〇襲〻香〻来闰阃〇洋〻喜氣入華堂〇謂之花枝流滞曲檻凄凉〇相夫家聳巨振益子揚眉吐氣

人逢喜事精神爽花遇陽和色更新

批理直言〇道古賢之理無怨無惡決凡人之理命有應有靈

八個字中分貴賤 五行数内辯榮枯

貴造　德政孚嘉　仁風遠被　德被生民　天人協相

天資國器　麗日當天　黎庶沾恩　德化旁敷

玉潔冰霜清　日光玉润　顯忠遂良　泽润生民

遷官　榮膺美調　降福生靈

狀元　獨占鰲頭　經濟國英　步蟾攀桂

進士　天恩寵錫　天寵貴臨　御殿傳臚　文名獨步

棘闈魁選　鴈塔題名

武進士
龍韜展蘊　虎帳風聲　翼國大英

榜眼
玉堂俊英　探花　翰林顯英

會元
英占鰲頭　金榜題名　名標國翰

解元
首攀仙桂　街苑先班　鰲頭獨占　棘闈無雙

舉人
龍門变化　震動騰身　喜托龍門　鹿鳴佳客

卓冠群英　秋闈得意　名耀寰區　光生梓里

喜躡青雲　奮起鵬程　鵬程萬里　鷹揚嘉客

入學

鶚奮高風　雲梯發軔　雲程直透　文衡中選

高列芹宮　振翮沖霄　桂擢高科　泮水生香

泮池生色　龍門初步　蜚數黌序

入監

英標國學　蜚聲太學　辟雍之士　納粟奏名

童生　俊英星章　天相斯文　養翮翀霄　志聳雲霄

不進　宮牆外望　俯首孫山

師長　藝苑生花　文苑英華　儒林蕤藻　提綱後學　士林翹楚

歲貢　名策天府　飛黃騰達　躍浪天池

武将　威振華夷　威聲遠播　名揚四海　馳聲天下

武士　心雄萬夫　志氣昂霄　奮武雲霄

書吏　希踪蕭曹　仕途提經　老參達　龍頭屬老

乃時日新

福履綏之

行醫　杏林獨步　杏林雅望　橘井泉香

圭璋特達

商賈　神衛行軒　運光宇宙　神佐江湖

太公釣渭

宦　熙朝嵒望　盛世瑚璉　熙朝柱石

喬梓同榮

老　當代耆英　熙朝渭德　釣渭同春

是父是子

父子　喬梓交輝　喬梓聯芳　喬梓敷榮

父母　賡婺聯輝　並躋遐齡　天錫遐体

兄弟　咸華体光　昆季齊芳　棠棣之華　連枝競秀

荆花暢茂　昆玉齊芳　棠棣競秀　昆玉連枝

夫婦　琴瑟和鳴　伉儷榮偕　鳳凰鳴英　鸞鳳和鳴

如鼓瑟琴　蓮紅並蒂

一家造化　具慶全篇　瑞滿门庭　全家福

全篇　滿堂金玉　瑞氣盈庭　百福駢臻　永綏多福

受天之祜　永受胡福　受天永命　永膺多福

生子　善產祥麟　為國儲才　當為國器　麒麟獻瑞

鸑鷟呈祥　丹桂傳芳　勳業光宗　英傑令器

卓冠群英　眉寿萬年　庚星應夢　誕生嘉胤

人中傑士　人中之龍

庶子　種玉藍田　丹桂秋香　蘭香錫慶　元夢呈祥

生女　瑞協坤祥　蘭房毓秀　閨中之秀　閨玉之光
慶鍾坤秀　喜溢门楣
生孫　孫枝挺秀　繩武鴻休　蘭芽震秀　克紹箕裘
繩其祖武　人中騏驥　祖慶流芳　箕裘繼美
幼童　英才卓越　充閭之材　俊秀之英　光前裕汝
晚年生子　桂香晚節　蘭茁初芽　超羣邁衆　恢宏前業

尼姑　栢子烟清　梅花月冷　玉骨生香

道士　丹書氤氣　咒中龍虎　石洞生春

和尚　沙門上乘　咲傲烟霞　不二真空　八寶莊嚴

優鉢生香　莊嚴法界

儒理知暑六甲書通今須報今秋舉子三奇術妙先知来歲狀元

無聲無臭理中測至奥至微筆下描

○○道情十首　　鄭板橋

老漁翁一釣竿靠山崖傍水灣扁舟來往無牽絆沙鷗點〻輕波遠荻港蕭〻白晝寒高歌一曲斜陽晚一霎時波搖金影驀抬頭月上東山

老樵夫自砍柴綑青松夾綠槐茫〻野草秋山外豐碑是處成荒塚華表千尋臥碧苔墳前石馬磨刀壞倒不如閒錢沽酒醉醺〻山徑歸來

老頭陀古廟中自燒香自打鐘兔葵燕麥閒齋供山門破落無門鎖斜日蒼黃有亂松秋星閃爍頹垣縫黑漆〻蒲團打坐夜燒茶

爐火通紅
水田衣老道人背葫蘆戴袱巾稜鞵布襪相厮稱脩琹賣藥般〻
會捉鬼拏妖件〻能白雲紅葉歸山徑閑說逍遥岩結屋都教人
何處相尋
老書生白屋中說黃虞道古風許多後輩高科中門前僕從雄如
虎陌上旌旗去似龍一朝勢落成春夢倒不如蓬門僻巷教幾个
小〻蒙童
佟風流小乞兒數蓮花唱竹枝千門打鼓沿街市橋邊日出猶酣
睡山外斜陽已早歸殘杯冷炙饒滋味醉倒在迴廊古廟任憑他

雨打風吹
掩柴扉怕出頭剪西風菊徑秋看〻又是重陽後幾行衰草迷山
郭一片斜陽下酒樓栖鴉点上蕭〻柳撮幾句盲辭瞎話交還他
鉄板歌喉
邈唐虞遠夏殷卷宗周入暴秦秦争雄七國相兼并文章兩漢空陳
迹金粉南朝総廢塵李唐趙宋慌忙尽最可嘆龍盤虎踞佟消磨
燕子春燈
吊龍逢哭比干羡莊周拜老聃未央宮（韓信）裡王孫慘南来薏苡（馬援）徒興
謗七尺珊瑚（石崇）只自残孔明枉作英雄漢早知道茅盧高臥省多少

六出祁山

撥琵琶續々彈喚庸愚警懦頑四條絃上多哀怨黃沙白草無人迹古戍寒雲亂鳥還虞羅慣打孤飛雁収拾起漁樵事業任從他

風雪闗山

客来知已談々話　春日春花蕤　無端燕雀高枝上
客去閑门養々神　秋時秋月明　偏向人間鬧夕陽
花燦々而春色　三更鍾鼓响　空中事莫辨　黃昏照鏡
月朗々以秋明　夜半子規啼　暗裡烟迷人　月下穿針

花無兆李總非春意韶光崙財源而快意無窮良足樂也賀句

甲年 為梁資大廈。封爵美贏。泰良可賀也。 正是風日清和人意好。夕陽簫鼓幾船歸。

平云 拂空增鶴唳。過牖助猿鳴。宜慎行焉。 正是年年不帶看花眼。不是愁中即病中。

乙年 南園北圃皆春色。萬紫千紅總是春。洵可樂也。

平云 昨夜西風起。今朝数落花。不知春已去。疑是在隣家。是年也。寧師魯廟三緘口。莫覲曹娥八字碑。

黃絹幼婦外甥虀臼 絕好妙辭

丙年 禁樹數榮早。偏將麗日宜。光搖連北闕。影汎滿南枝。

正是接天蓮葉無窮碧映日荷花別樣紅

平云　炎々夏日影舒長一陣寒風掩夕陽不慎可欺正是顛狂柳絮隨風舞輕薄桃花逐水流

丁年　玉宇無塵千頃碧銀燈有意萬家春際斯景也不亦樂乎

平云　日之夕矣東方未明慎爾言也以慰我心詩云雙々點瓦雀行書點々楊花入硯池正此謂也

戊年　百堵皆興千祥雲集至足樂也可不快哉正是一年春好處絕勝烟柳滿皇都

平云　土能生金又能載物但恐築堤防水患又虞壅厚（塞）流通節

飲食慎寒暑以應天眷

己年　土厚培高快覩嘉禾欣暢茂倉盈廩盛還看丹桂長新枝良有以也

平云　田園之土地有肥磽非籍人力以滋培豈同松柏之不凋遠路休行走間非莫管他

庚年　金能生水寔為工蔭庇之根將來積玉堆金正未有艾豈區區豐衣足食而已哉

平云　一片鋼金惜未煅今年事事總堪嗤任他風浪門前過閉戶觀書傍日斜

辛年　薑桂之性愈老愈辣珠玉之物愈多愈貴誠佳景也莫道
寒金难制和每逢寸鉄也傷人不可慎執
壬年　望洪波之浩瀚润彼嘉禾浥清泉之細流烹茶香茗大小
咸亨無往不樂也莫言觀水有術竊恐望洋增嘆可不慎
執　詩云隔断紅塵三十里白雲紅葉两悠悠
轉盼鷄荐三秋會看鵬程萬里將来目覩天顔可稱真貴之造也
癸年　零露漙〻洵可謂滋培草木吐芳華瀼〻莫謂非流水夜
氣涵濡分外嘉　雨露不滋無車軏風雲只化有鱗魚矣
香閉戶讀周易嵩學尼山寡過書

故尔早遊泮水，將來秋闈高攞春榜連輝，真意中之事耳。

財年　財爲養命洵非常，日進斗金冠市鄉，莫道眼前無積累，菊花雖晚邁羣芳。將來青雲獨步，月桂高攀，真意中事耳。

又　財去財來却爲何，只因四柱財星多，多財反被財星悞，僕僕風塵歲月過。

偏官好運　康強逢吉不爲殃，秋菊春桃總是香，休嘆前途多偃蹇，一朝展志姓名揚。歲逢七殺豈爲良，倒倒顛顛莫主張，雲霧撥開頭白日，回頭已過轉三陽。

正官　正官司事歲如何，力學憑將鐵硯磨，肯着工夫途未遠，看

印年　數指日占高科。

印乃扶身愛日長。經書快讀姓名揚。鵬飛天外標黃榜。搢笏拖朱奏錦章。

天廚入命洵非常。採芹食餼姓名揚。時來鵬翥飛天外。搢笏拖朱奏錦章。　無情索鳥蔵偏奢。鵲噪門前報鼠牙。扶杖騎驢方穩步。若貪捷徑事如麻。

比肩　日主逢重號比肩。精神百倍孰爭先。丁粮疊進輝鄉里。大展經綸步帝前。　比肩司事縱和平。顛倒裳衣未見亨。按轡徐行方穩步。一陽來復向春榮。

入學　褰裳遊泮水拾級步芹宮蟾窟他年入龍門此日通

補廩　穩受天廚祿應稱上舍生餼堂占食餼經席待掄英

中舉　珊瑚歸鐵網鴻鵠翥秋風身在蟾宮裏名標虎榜中

會進士　題名須淡墨食餅是紅綾杏宴乘春入瀛洲結伴登

中舉　棘院裁文如錦繡桂花吐馥滿衣襟鹿鳴準擬叨榮宴蟾步相期聽好音

西江月　春神臨位青鸞皦伴心勤有益若瀉彩鳳共同鳴樂而不淫且穩

會進士　十里花茵看走馬三春柳汁喜沾衣名題雁塔簪毫入身傍鳶坡對策歸

入學　桃花魚躍三春浪羊角鵬摶六月風已有文章驚學使直将姓字到黌宮

文入洋　莫言蕎志無徵應文運宏開姓字香袍袖輕揮沾柳色筆花初馥帶梅香

文舉　筆掃千軍久羨庠宮臺上客鋼金百煉将来龍虎榜中人

中舉　秋闈鏖戰定許雁塔題名正是十年窓下無人問一舉成名天下知豈不快哉

中進士　莫道棘闈題上客今朝又聽報臚音足步青雲光射斗名登黃甲耀门閭良可賀也

翰林　殿前對策雲落紙萬人頭上逞英豪玉堂金馬家聲振翰
苑文章價例高

入監　雖無分於採芹聊託身于國學異日位列朝廊亦仕途之
捷經也可不勉哉

戢員　雖無分于詩書却有緣于刀筆他日發軔簿書亦不讓漢
室蕭曹也豈徒青〻子衿郎以光祖德哉

武泮　業可屠龍快覩千軍奪錦才堪倚馬欣看有步穿楊

武泮　若習貫弧之觔定邀芹宮之選慎毋謂持弓挾矢非文人
之事也

武舉　已發雕弓光泮水好整冠裳宴鷹揚已報霜蹄千里驟又
聞鳳翮九霄鵬

武進士　芹宮莫道堪棲息脫却藍衫換紫袍正此際也
百步穿楊魁甲榜一身獨步躍龍池

武進士　桂扦一枝穿楊三箭此大丈夫雄飛之日也　來春得意
冠金榜醉樓梯可為先生預必鼎賀、、

補廩　天厨入命洵非常領袖羣英姓字香莫道星盤無定據名
魁榜看飆膠庠

選貢　雖未蟾宮折桂將見天府策名正是龍墀日暖香生篆鳳

閣雲閙捷報新。良可賀也。
入泮　流年天官正照。定賀泮水中遊。名標高榜喜悠悠。竟是龍
門初步。
娶妻　業向衙溝流出。絲從繡幙牽來。名生桂子若榴開。堪羡女
貌郎才。
生子　古羨竇鈞五桂。書傳荀氏八龍。三槐王佑植家庭。麟趾螽
斯叶慶。
中舉　流年朱衣點額。名標更飲鹿鳴。唐紀開宴曲江亭。慈恩寺
塔題名。

娶妻　流年紅鸞拱照正賀伉儷榮偕佳人賢淑勝尋常琴瑟調和永暢

婦　出自高門賢淑行藏不羨蕙心琴瑟和調樂且湛旺子助夫有慶

婦　生就和柔美性熟習從德羨規內則不亞孟光嬿夫榮子俊齊輝

婦　流年福星正照助夫旺子長榮百般遂意樂融〻更賀添丁有慶

武中舉　流年美似花如錦煞微龍德在其宮豹尾变定應覌上國鷹揚还許慶昇平

雖效陶朱廣積良由端木良謀財源湧聚水滔〻萬福攸同有慶

花向春光競麗。舟臨順水迎風。滿盤棊子盡皆贏。福趾禧祥恒慶。
昔日風流還在。故園松菊猶存。南牕寄傲樂無窮。蘭桂騰芳永慶。
此日風神秀徹。他年鳳舉鴻軒。冲霄直漢尚爭前。萬里鵬程可羨。
暑退涼生頓暢。當空皓魄增光。桂林秋馥把香飄。正是怡情意樂。
嫩綠嬌紅可愛。鶯啼燕語怡然。玉樓人醉杏花天。頓覺紅光滿面。
不比尋常三五。一天風月雙清。此辰此景最幽情。才喜双增共慶。
纔看夭挑吐艷。又值碧沼蓮香。良辰美景樂非常。正是天清氣爽。
以上泰運。　以下否運。
驥馬行逢峻嶺。鯨魚落陷沙洲。月為雲掩莫登樓。但恐雷轟薦福。

梅瘦偏遭雨猛菊殘屢遇霜欺冰肌玉骨若能延豈謂春秋不易
人人說我惆悵我实日日心憂事與時違不自由路遇崎嶇緩步
黃葉無風自舞深林不雨長陰寒梅雪後復舒細又恐严霜下重

○○命賦章

嘗聞命禀于有生初之而運由月令而行馬有千里之能非人不
能自御人有冲霄之志非運不能自行是故秋菊春桃開時尚分
遲早海鵬籬燕飛集莫計高低貧賤雖有不同榮枯各歸一定
吉平運　無情歲駕未為良百事藏身定永昌莫謂文昌來獲福也
防崔甬貴衰腸

○○美運流年辭

限鈞紫微可羨榴花映掩添紅人安物阜晝昇平還期財喜疊進

命照天月德福曜也相通還期太陽在箇中平坦任加功

謾說生平多近貴聖明天子也驚人幸逢龍德紫微化桃杏交春

處々新

淑氣滿池塘嘉植逢春近太陽淺露細風枝帶媚悠揚稍頭含意

有餘芳

詩曰昨夜北風吹戶牖早知南嶺墜寒梅閑情自覺填衷曲不

動悲心也費財

太陽入命宮　桃李遇春風　萬紫千紅陌　滿園仍舊紅

綠樹陰濃夏日長　薰風吹送芰荷香　高蟬感耳伊妨靜　赤日支涼

蒸不廢涼

劈（行大）運　日照香爐生紫烟　遙看瀑布掛長川　飛流直下三千丈

疑是銀河落九天

無（山害）運　垂羅釣歸來不繫船　江村月落正堪眠　縱然一夜風吹去

只在芦花淺水邊

一（派好）運　清溪流過碧山頭　空水澄鮮一色秋　隔斷紅塵三十里

白雲紅葉兩悠悠

亦好行運　半畝方塘一鑑開　天光雲影共徘徊
問渠那得清如許　惟有源頭活水來
亦交好運　昨夜江邊春水生　艨艟巨艦一毛輕
向来往費推移力　自日中流自在行
仝前　一泓清可沁詩脾　冷暖年来只自知
流出西湖載歌舞　回頭不似在山時
好運　畢竟西湖六月中　風光不與四時同
接天蓮葉無窮碧　映日荷花別樣紅
大運無過好　朱雀橋边野草花　烏衣巷口夕陽斜

交好運

自家美景

四時王謝堂前燕　飛入尋常百姓家
律回歲晚冰霜少　春到人間草木知
便覺眼前生意滿　東風吹水綠差〻
茅簷長掃淨無苔　花木成蹊手自栽
一水護田將綠繞　兩山排闥送青來
百花潭水木蘭舟　千日隨君萬里流
堤柳小青堪繫馬　滿園春綠怕登樓
錦帳芙蓉翠被薰　羅浮春色煙重溫
最憐小玉三声遠　却羨巫山一段雲

淡月疎星遶建章　仙風吹下御炉香
侍臣鵠立通明殿　一朶紅雲捧玉皇
竹摇清影罩幽窗　兩〻時禽噪夕陽
謝却海棠飛尽絮　困人天氣日初長

上吉

魚躍千層浪　鵬飛萬里程

鸝囀枝頭春正好　且携柑酒听清歌
南樓翫月饒佳興　徹夜談心尽笑欢

中平

白鷺雙飛野　丹霞繞紫城

莫慮家貧难肅客　墻頭寄送酒和鷄

進士
中奉
進士
中平批用

為愛松風滿院植　坐聞清響院壓声
偷覰横波曾几轉　含愁含笑兩相連
足踏鰲頭登月窟　手攀丹桂步金堦
金鱗豈是池中物　一遇風雷便化龍
金榜標名題姓字　瓊林宴罷馬蹄忙
莫謂此中無坐榻　花鋪片〻當裀毡
忽听笛声何处起　歌来一曲鶴南飛
松腴不是尋常味　遍问人间揔不知
莫欽楚國将軍酒　休着東宮太子棋

命遇紫微龍德同遊閑門不管窓前月事業儘然求
三合太陽拱照先符小耗何妨只愁卷舌作為殃恐在单月之上
燕子壘泥窠鶯歌柳擲梭夜來風雨竟如何滿江波浪多
定沐九重新雨露還希千里會風雲犹如駿馬馳平地究似順風
掛錦帆　春日陽和遍千城一望新韶華浮綠野淑氣轉紅茵
桃花細逐楊花落黃鳥時兼白鳥飛忽見落花驚鳥去又逢花鳥
動花枝
不近喧嘩嫩綠池藏睡鴨自然幽雅淡黃楊柳帶棲鴉
恭惟　經生子自身又康寧

桂發荀翻菊肥陶徑秋光偏耀君羨家襟期瀟洒永享年華高挂

好運生子 新月出彩雲動人间樂事長妲娥有意贈餘芳秋子香

娶妻得財 香外尋香玉中選玉黃金論斗珠論斛瀉來白璧羨雙

神如秋水都堪掬

好運 情高意真眉長鬚青小楼明月調箏寫春風枝声

好運 天欲晚宮漏穿花声繚繞窓裡風光好

又 碧紗影弄東風曉一夜海棠開了枝上数點聲啼鳥粧點

知多少

恐有刑妣 雨声〻夜更〻窓外蕭〻滴到明夢兒怎麼成

恐有意外風浪須知飲酒取樂風過小池輕浪起似江皐千金莫

惜買香醪且陶〻

命俎　春歸何處寂寞無行路若有人知春去處喚取歸來同住

夫妻双七詞云　枕上一聲雞唱天亮好夢忽殘香消翠被絞綃帳

一派好景　烟柳画橋風簾翠幙參差千萬人家雲樹繞堤沙

詞云中平　為愛楊花風摇点〻蹊蹺蝶影殘霞雲外飄任是巔難揹

詩云　荒村雨露眠宜早野店風霜起要遲白馬江边九曲浪黄

牛峽靜一痕西

歌曰　秋風清秋月明何處笙歌徹夜鳴引起離別情

詩云上上　春來花鳥自爭部花吐芳菲鳥奏篪忽見落花驚鳥去
又逢花鳥動花枝

右調西江月　日出扶桑可羨榴花掩映添紅人安物阜盡昇平還
美財源疊進

調云上上　桃紅復含夜雨柳綠更帶朝烟佳人春戲倚前桃也嫣
然柳也嫣然

調云　纔見風翻柳絮回頭又遇蓮池偶然菊挺傲霜枝紛紛
雪花滿地

下下　白浪如雪寒泉如月臨流欲渡思难越忽聽洲中櫓聲

此景不與人說
上上　日暖鶯聲滑天晴柳色鮮琴瑟無端五十弦彈動鏗然不
動鏗然
上　嬌羞花解語温柔玉有香佳人才子自相當休疑蝶戀蜂狂
上　春花發春月侵檀板金樽撫瑶琴高唱覓知音
花有陰月有陰粧鞦院落夜沉沉詩聊復吟
西江月　些須細微小絮異足以勞其形堦前玉樹長精神膝下添
中平　丁有慶
詩曰　溪傍好山添翠濕清江碧玉兩心間仙家犬吠白雲日嫩

蕊奇花滿目斑。

好運

幼慧已徵國瑞。格正豈比鄉曭。龍门一化躍清淵。昌大門閭預顯。

西江月

幸遇三杯美酒。況逢一朶花新。片時歡笑且相親。明日陰晴未定。

又同調

世事短如春夢。人情薄似秋雲。俾須計較苦勞心。萬事原来由命。

同調

日日深杯酒滿。朝朝小圃花開。自歌自舞自開懷。且喜無拘無礙。

爬〻結〻結巴〻巴到如今還嘉早歳錢財風捲絮中年事業浪

淘沙時已還慎災嗤已雖沖提没波渣戌運五年春色御一交辰

字送仙橋

西江月 莫飲黄花未吐且交紅粉相扶酒闌不必看茱萸俯仰人

间今古

娶妾 宜娶妾莫待遲漫記囊内少贏餘送梨不孝無後大須

金谷滿珠璣

多生少領 木槿也间誰見予海棠誰好總無香

桂子月中落天香雲外飄

生員　持黃卷伴青燈他日遨遊泮水中其樂也融融

中舉　好吐氣好揚眉讀書萬卷要深期必宴鹿鳴時

進士　採青芹飲鹿鳴他年雁塔並題名春風得意人

工業發財　時也通運也通穠桃郁李正逢春到処有賢東

工業平常　亦伶俐亦聰明技藝之中第一人無如運不通

工業不如　無春夏無秋冬不堪雨ゝ復風ゝ心想也愁人

農業豐盈　千斯倉萬斯箱離ゝ黍稷滿庭堂便憂歲乃荒

農業平常　出而作入而息犁雲鋤雨在田間祇自了衣食

農業好嬉　朝而嬉夕而遊青ゝ草色滿田疇未必有秋收

商業發財　花正艷月初開財似春潮帶雨來黃金处〻堆

商業平常　亦無樂亦無憂苑〻四海盡皆遊何時滿載歸

商業不如　枉辛勞枉勞碌披星戴月總無休財帛也不足

子孫、盛旺　歌螽斯詠螽斯子儀庭上笑嬉〻今日有如斯

子孫發達　蘭亦香桂亦香好比燕山竇氏郎一樹五枝芳

子孫先後發達　北枝後南枝先從此東風到庭前日暖杏花天

子孫富足　人也多財也多滿堂金玉雜春羅其樂也如何

子孫富足有忝差　問南枝問北枝庾嶺梅開十月時花様有忝差

夫婦不偕老　風颯〻雨絲〻鸞鳳失侶每悲啼腸斷五更時

老而無妻　哀鰥夫嘆鰥夫桑榆影裏眼糢糊寧不堪傷吊

夫婦偕老　佳內子美良人夫婦相敬如嘉賓偕老百年春

又全前　愛關睢咏關睢正似溪中比目魚其樂也何如

夫婦偕老子孫滿堂　年亦高壽亦高子孫繞膝滿堂坳其樂也陶陶

夫婦偕老孝子賢孫　和錦瑟調絲絃惜無點顆问君前舉案也悽然

夫婦偕老對句　舉案齊眉念甲子唱隨偕老樂長春

妻在夫亡　燕子樓中無月影芙蓉帳內有花身

夫在妻亡　鏡中暫失嫦娥影窓外常留明月輝

老而無妻　腸斷更深終不寐月明窓外祇堪傷

老而無夫　身寡身单殊自惜情長情短有誰知

有夫無子　莫言蜾蠃能繁育端負螟蛉爲子孫

天道無知悲鄧伯人情看破是莊生

有子無夫　三迁教子祈成立一杼断機欲其賢

三秋心事無人會五夜霜華有子知

或有多子多孫及至末全家俱無　蝗虫生九十子宜不実繁有徒　秋霜冬雪一藩竟尔半子俱無

好運　時来箭〻穿鴻鵠運至竿〻釣鯉鱗萬里平途騎駿馬一江潜水化魚龍正此際也一派美景良辰賀〻

西江月

天配由來早定人倫從此開端情郎嬌女兩相歡始羨良宵有伴　燈下偷窺含笑心中摩揣忘飡究如仙侶渡河下切莫拒人貪看

多生少領

木槿也開誰見爭海棠雖好總無香桂子月中落天香雲外飄

老而無妻

哀鰥夫嘆鰥夫桑榆影裏眼模糊寧不堪傷乎腸斷更深終不寐明月窗外祗堪傷

老而無夫

朝于斯夕于斯一種憂傷只自知愁看燕子啼身寡身單殊自惜長情〻短有誰知

寡婦好色　艷似春桃貪宿雨嬌如秋菊傲清霜

啞子　有口难言誰捫口出懷欲吐莫能伸

仝　訥言未必如君子聲寡焉知類吉人

聾子　目遇之而有色耳得之而無声

瞎子　牵目难察秋毫之末熟視不睹泰山之形

双生一对多長大　蓮藕荷花常自茂並頭蘭卉亦生香

双生多又大　双々鴻雁飛天外点々楊花入硯中

春詩　淑氣飄将三月暮春風吹動百花開

夏季　園中芍藥迷丹砌池内蓮花透緑波

秋季　菊花開到枝ミ艷　桂子飄来瓣ミ香

冬季　白雪霏ミ雲外落　紅梅点ミ嶺中開

僧家　一鉢一瓶爲世業　郎空郎色是禅心

仝　月照丹台常净寂　雲歸禅宇每虚無

又仝　談經石点雲山外　説法蓮開梵鉢中

道家　深明道法達摩詰　透破俗塵見太真

右調西江月　道家　時来好遇真人助　運到宜逢羽客扶

運限依然由回　正財主事流年紅鸞陌越中命添喜氣凴来有瀬若　問功名志就天官項度堪凶果然六月應衡鎰定

許芹香入袖　年是食神主事運行鼠地生事大限在卯小限寅

正是生財旺地　白虎三方須忌宜防寒暑驚非干支合破損官墨漫許功名遂志

是年三方拱照一年称意止動安康財多不聚一進樂事多雍睦無限繁華動地來只大運未真不可高飛遠奔一切且存忠厚自然天降禎祥五七九月小事不利大奉可謀二六十月半兩半晴或寒或暑侵人三七十一月利乎有貴喜遇多嘉到有名还有利隨時裁吞又栽花四八十二月萬事風帆俱順利机関好事称心懐

是年三方歲君拱照只宜者事莫作無益莫交匪人逢人且說三分話未可全拋一片心凡事喜内生嗔尤防雀角生累正二月宵小生嫌倖須計較任他風浪波心起穩坐魚磯莫放舟三四月

青蚨生翼來去紛紛用度必多熱心不可四月風波不作事少頭緒勞而有功五月八月淡淡春風朦朧秋月雖無得意從人願幸得平安兩字全九十月佳我何之好人多遇財利加增機緣巧合十一二月宜向正路而行心高欲遠方免許多消耗

是年日犯歲君逆交平平萬事不宜性急守己為高即或家庭用度不宜吝嗇或遭橫逆須當順受否則是非雀角之患且當防之眷丁之啾唧兼親服色誠恐不免正二月道路泥濘且須穩步丁眷呻吟豈無思慮四五月遠路休出事有疑难尤當謹慎風急有船休過渡月明無伴莫孤行三六七月喜事或有才福倍增萬

里無雲俱散盡一輪明月出波心八九月淡〻雲迷月輕〻風送
寒十一二月宜遠木傍親友少人言語防之凡事三思可化是非煩
惱
是年否運未脫仍宜杜户修身防微杜漸順理而行不必爭强鬭
勝盃自喫鬪讓人無害知足修無辱防意要爲誠定當無往不利
正五九月天暗氣爽好事逼人交友慎之自當有益二六十月盃
可傍岍行船不可登樓履險起居自宜玉清养定安康三七十一
月人逢多笑遇福澤自天來几許春光富麗青晴無处不飛芳
四八十二月惜花休起早愛月莫登樓節飯食慎衣遊〻自当無

畧
是年。。立命。。月入命宮三方太和泰運隨春轉陽和氣象
新蘭閨慶喜添丁到処欣逢美遇人事盡時天運至紛〻好事稱
人心正月至四月財如春水而生福比秋潮而至五六月風色頗
好遠出慎之三七月至十月得中防有失喜内却生嗔十二月守
株待兔不必緣木求魚好人情薄似雲交友留心免生憂慮
是流年忌星頂度事必清盈而辛金用事西方貿易得利用金旁
姓名人同事亦多補助所遇交易人亦如是只太歲在宮小口啾
唧防之是非或有餘事則無不利正五九月好事逢迎財利倍增

萬里馳驅皆大道。無边樂事又添新。二六十月交友義処生。非待
人恳中交怨。三七十一月撥去浮雲千萬里。一輪明月出波心。浔
意外之財。有天然之趣。四八十一月凡事要從容。性急終無益。持
平之满須牢記。自然到処尽安康。遂亦名利慶。吝榮事業層樓高
旺葉。
是歲流年大運。月交。字。 主事曰馬到小限事多疑。难往
往不定。难從我愿。然大運稳坦道。無虞而浔意之事恐亦少有。二正
月條而條晴。天氣居常。且有困人。三四月水木用事。恐多煩惱。遂
未順。愛自當化作清風。五六月劳而有功。謀而多遂。月聊有生

色所遇皆亨不意喜中喜無心財上助我本無心求福澤却有机緣湊巧來十二月計星用事莫管閑非大事不宜自主自然不招煩惱

是年交大運　主事本年三方歲君拱照利于官貴處家逢則多口舌營貿交易則多耗財交友反以助則恐因利而害惟于貴人交際有星拱命却有美遇大抵凡事艰难中反因之而獲福得意處得意處却藏失事之機因之而自省估却許多便宜正五九月風色油見机而作事或有如心二六十月失馬何須吊好事在其中言語必紛忍耐為第一三七十一月應有喜事瑞靄門逢

財利頗好事有三思無往不吉。四十二月莫管閑非宜遠小人但
循天理行將去自有机緣湊巧來
是年。。在命。。在限運限皆吉。舟行順水。馬躍康衢。有机緣
送巧來。是今年。。在命。。在限内外咸亨。事有巧遇。只用
人之際。以寬以恕。交友之間。無佔自己便宜。則無挂無牽。何往而
非大道。正月平康坦道。福自天來。二月梅花呈瑞色。添雪更生光。
四月凡事休性急。雀舌自紛〻。五月風帆多順利。人歌稠載歸。六月
病豈共喪家。留心且莫往。七月浮雲俱散盡。明月麗中天。八月休
脫汗後。初九月名利遂人心。行止更有益。十月防狐蜮之含沙。聽

苦口之藥石。十一月春雨潤花枝。宜人風色麗。十二月凡事休好
勝。守己莫貪心。凡度求謀皆合意。一番好事一番新
是年〻用事〻在命。生財不驗耗用有之。非眷丁之慮。有非之憂。
惟以正事用之。或見家庭喜事。不解一切煩惱。正五九月輕風吹
楊柳細雨濕梧桐。動止且從心。于事却有益。二六十月不因風動竹
只恐鳥爭春。凡事休急惱。見喜為第一。三七十一月風恬浪靜物昇
財豐出入交關。利有攸往。四月清和氣象。動止宜人。八月留意小
人。防其暗算。守口為緘。免生外耗。十二月陽春佈彩。喜事頻來。萬
事便須多顧慮。無心插柳便成陰。

是年食神司事生日後以作　几十歲必主財如流水之滋喜如欣
欣之木月到天心處風来水面香只嫌限中不淑特恐不能如願耳
今年傷官倫事生日後以作　几十歲其年家計興隆凡事稱意三
春楊柳依依綠二月梔花灼灼紅所嫌难星照命不免寒热之灾
多損鈔畜之咎
其年偏財用事生日後以作　几十歲主田必主喜氣欣欣財源混
混憶則屢中無有不利也稍嫌限仇星犯度反招口非若無他人
之患定有蕭墻之憂伏恩一化悉減半耳
是年正財理事生日後以作　几十歲而查應主田土有添喜氣揚

眉吉多凶少之歲也。進查剋度命魁限宮，凡事多謀少就，故云畫餅水月耳。

流年七殺用事，生日後以作几十歲而論，弱則忌之，強則喜之。細查流年大否之兆，妙有用神生財，宜主財喜，而見內外憂呼，良有以也。

此年正官用事，生日後以作几十歲，必主所向有成，施事大振。用之則吉，忌之則凶。不是清風明月，便有瀑雨岫雲。所喜吊動忌虽莫云盡善也。

流年偏印理事，生日後以作几十歲，其年風光美景，財喜洋洋，茶酒生香，四時通吉。特恐羅字戰鬪，難免飛來之事，平白之禍，慎之。

其年正印用事生日後以作　几十春。而卜其年精神爽々施為稱
心。大有慶也。進查主弱賓强。每多心煩意乱。良有介意。豈能免乎。
流年比肩用事。生日後以作　几十歲。其年帮主之歲也。莫謂比肩
無用處。比肩能助吾精神。餘奴犯主。不過少疵耳。
是年刦財理事。生日後以作　几十歲。其年喚動耗殺。莫信直中直。
須防人不仁。妙有嗣帮二星拱命。家計興隆。喜上眉峯。美事重々。
如光風霽月。
今歲食神用事。生日後以作　几十歲。其年食神生財。多吉之兆。只
嫌金星成党。作事慎之。尤防平地風波。

是歲正財用事生日後以作几十春其年財如春水湧喜以秋菊
香奴星作梗莫歆無錢酒休貪意外財
流年偏財司事生日後以作几十歲其年得其才也無意得其喜
也莫覺昏〻而過可謂美矣
是年正官理事生日後以作几十歲其年氣象軒昂大有振也只
恐金星結局难免毛疵之嫌
流年七殺理事生日後以作几十歲其年要進食神刑之凡事如
心喜氣揚眉犹慮难御夏秋之中欠安餘謂坦〻
是歲流年正印用事生日後以作几十歲其年生身之母扶身之

是年正印用事生日後以作几十歲其年生身之母扶身之歲無
往不利也特計星魁主不能如願
今年梟神用事生日後以作几十春而逢其年恐其奪食外內欠
和妙恩星扶主何足慮哉
流年劫財用事生日後以作几十歲而卜其年兼之耗亦須防暗損
渴意之中當防失喜來之事且莫忻一切防之
是年比肩主事生日後以作几十歲其年帮身扶主精神軒爽大
遂如願只嫌度遭星魁如春花秋月兩相宜夏有涼風冬雪詩
今年傷官主事生日後以作几十歲而推其年傷官生財福自天來只

嫌官星一混恐有飛来之徭慎之慎之可以無憂矣

批評総論

文造壬水通根子申又得庚金疊疊苟非食神透露何以爲佳稍
嫌甲乙争权犹倖火與土旺宜為所以經綸満腹早挹芹香但申
亥相穿六親未免清淡室人金石方可白髮和鳴丹桂双双誕多
育此理必然依書直判　七政恳星守命利近高朋金水夾陽貴
人遂欽政仙風伴主題橋之志非輕主掌科名扳幟之期不遠皆
由文星稍弱嫦娥不爱少年異日虎榜高標仕途終难榮顯若至
運程前途純疵不一既之限度已往可勿再詗屬坎坷非吉

地好似萬金寶斂藏秋水滿腹憂愁難訴人一交。運制伏官星
而提甲乙定平步以上青雲時人莫笑登科晚自古龍頭屬老成
裹〻烈〻吐氣驚人可恨揚眉未久。運又怕相刑度美縱無大
亦伏天相吉人履險而過謙和而恭越過此境。字寬平學士無
心騎快馬皇天有意召修文敢云讖筆無差慨聊憑管見測高明
好個食神生財事業擴充餘裕兼之泰山之穩人雖明斂利路峥
嵘花癖無忌亦當慶心衆悲可美兄弟亦可樂分官祿拜命〻主
歸垣利於大賓自有聲名足譽羅睺守妻理宜硬配孛党日星
後子可擬三鳳四六三宜珍養免致寒暑有相侵一交。運真佳

境運妻子隆呻吟於爾也傷情及字門進赫奕燈人文
五七左右非盡善誰人肯作假雞鳴
金寒水冷最愛丙丁雙透官殺混雜惟許外易榮豐財浮長生可
承創貴臨官印志顯明妻當内助宜硬敵子有河東三鳳鳴日月
合朔高堂永棠棣隔交可成林五星官祿拱照當近貴田財伴主
創業增二運如松柏妻子隆財源遂足豐肥字交来有虞
心字家業盛犹如風清四海浪波平刑耗不免寿有古稀有
餘零
傷官生財足見有餘之家建祿生提透期根基之厚龍吟虎嘯可

讀詩書二殺尊权亦有作爲父母無碍兄弟連招妻早金石之欢
子早河東之問官禄拜命文星冲鈎作事自有才情不愧貽謀之
訓三六歲熟霄天氣々運如々上々々內真魁晃妻子才禄顯名声
々運紅霞白霧々々仍存事業六九左右佳有騐々字行之再問津
氷帰冬旺之造自然福寿悠長身主金牛望月命垣星炤文星又
利斂鋒官禄才華文武名彰若是潛心耐性功名一榜非翔刑尅
父母硬于手足可難許芳蓉論結髮妻孜小重妻三子飛揚々運收
中年墓庫年逢々乖張々字有休咎晚運一派康強七十八歲止
寿収成結局豊昂今歲命流天喜福星月德臨方双月行藏安泰

单月难許媘徉
建禄生提正属水歸冬旺根若泰山之固寿頌南山之祝兼之重
財藏露格合傷官用財不惟解凍有机益見一陽開泰他日擴充、
家業自然有光門閭更得独殺專权純而不混以之誦讀亦可
策名天府但忌年冲月令静而動者有之佳人律呂相将丹桂三槐
可企高堂並美仲篪又炊吹身入才窩命伴官禄冲動科名登魯
財福伴主坐实此五星之美錦佇看騰蛟起鳳当為君家豫卜也
咏倉箱又何疑焉閱煞雖不常也鶱百日週三初行〇運淡〻時
光〻字大登科當共小登科而齊得耳〻十五載愈出愈奇名標

金榜桂又騰芳三七五七上下間有憂喜相當〻更輝煌好事從
天降深恩喜報来〻運非佳〻闗隘如斯越此頌七句
土旺四季所妙乙木疎通假殺為权他日定能發達且格合殺印
財庫逢冲安富尊榮樂得貽謀燕翼丰姿雅秀氣宇魁梧稍嫌冲
動〻欲為張散屬扁當求韋固淑配一而载再若二有之賓氏家
風女子之祥先兆日月得地詎爰慈之並羨乎
専祿有財可承創殺印相生利經營妻早當卜金共石子早推來
有三麟為人倹俐見蕞弱謀為自有貴人欽椿萱有托棠棣紫荊
主掌田宅歸垣倉箱於以多積羅計出乾入巽五曜朝陽主人煞

之財神冲鈞囊槖亦覺多金前之。運天降石麟令行。字醇疵不一正是梅花又放東風拂月明如画誤難啼。字之中宝声繼東謀西就才源豊査。度閒月在雲端相似。運七星垯上東風起八陣圖中見早机吁耗之僥風吹楊柳。十載大振家声。未眷丁有損慎之瓜葛公私至若。字人去社来空漏永夜深無語對銀花培行德有賴韓成七十九再問津

○○批五星命論

今夫命禀于有生之初非今所能移固也然亦四柱或虧而借培運限三元合格而落陷星盤総恃人心靈目巧善提用神耳用神

一失則福禍無憑用神一真則榮枯有準此非精于星術善于取
用者不能無差忒也若今夫人之生也本于誠〻則動〻則生故
年月日時而元亨利貞因之元亨誠之通利貞誠之復大哉易也
性命之源乎茍不推其源而究其始而徒执四柱三元五行七政
之末而欲其榮枯有準禍福有凴也不可得矣盖星術雖末技而
其理最深藉非面壁有年不能其萬一若年老丈福造今夫五行
一陰陽也陽変陰合而生水火木金土其中有順有逆有動有靜
有遅留伏逆之不同有虛实盛衰之各異非細心推究差之毫厘
則謬以千里 余星理學頗知畧表而矣

論父母句法

財印無傷椿萱方茂逢霜雪○解木（椿）比父萱草比父母吉中有凶而言也○嚴慈有慶日月總陞遇桑榆○嚴為父慈為母日月主桑榆如父母之已老也○日東升月西升盈昃难恒相映○言父母不能常在同偕至老如日月之盈昃○萱夏承椿春碧凋榮鮮永交蕭○此言父母不能常久無恙○於戲曾廢蓼莪之章○解句此言父先去世也晉王裒父死哀之不已裒之門人不忍咏蓼莪詩廢之不讀○甚矣已遭陟岵之句○此亦父故子念不舍故登岵之山以望盼形容故詩曰陟彼岵兮瞻望父兮

靈椿遭雪降。此以难断父之存亡故以椿遭雪降。
赤日咎蝕侵。此言父有疾病將纊待死比日遭天狗蝕侵。註人
之將死以纊棉于口鼻驗其氣絶。
月被雲靡里停柘袖〇母象為月既被雲遮母已不在矣故魏王
修哭母之死哀感陊里故停桑柘之社節。
萱逢霜折肘陟屺山〇萱以比母既霜折萱即萎矣故詩曰陟彼
屺兮瞻望母兮。此之謂也。
進幃寂寞〇進幃母之寢处也寂寞則無母在可知矣。
蕙幄空懸〇蕙帳亦母之卧所空懸母不在也。

身寢苫首枕塊俟其晨也。寢苫枕塊哀父母之在土也晨謂早死也

淚成血衣服衰是豈暮歟。檀弓魯高子羔孔子門人親死悲而淚血父母之喪斬衰三年豈暮者言其中盡年喪親也

旋衣絰齋登屺岵。絰衰亦喪服父母故則屺岵皆登望而思旋衣相連着衣也

頻持桐竹目雲霓。父節在外故杖用竹母節在內故杖取桐父母均故仰望雲霓恍若有見其形也

論兄弟句法

是以司馬之憂何足患也。伯魚孔子之子無兄弟魯國鄙人論語司馬牛憂曰人皆有兄弟我獨無

雖然屹立抵柱流影雙猶。昌國縣川中有抵柱山屹立直沖水流不移以喻人獨立之貌

孔懷季氏之名允稱信勇。漢朝季布季信勇兄弟一以諾一以有

同氣陸家之誉藉奉才名○晉陸机陸雲一得名誉一得奇木

佳哉昆仝薛敬○唐薛敬兄弟三人均有協義 薛收薛德接敬字連

允矣行列姜肱○漢姜肱与弟二人仲海季江被同寢不忍朝夕

異見兄弟均同氣相應

繆氏玉金仝氣鮮卜離財○後漢繆彤影彭四兄弟分財復合終 不勉力用心此兄弟不甚和睦而言

謝家棠棣共心多評彦秀○晉謝玄兄弟有四均有秀彦之稱 韶朗川

羽翼五常鄉里扳其類○三国時馬良兄弟五人皆賢忠廉營智 惟馬良白眉二道愈出人策號曰五常

壎篪一藝高第超乎人○劉張知奮兄弟亦有五各执經史後均 明經高第馳名知乞知泰知晦知熟

鴈行可羨麗天奚評折散○易周文時有六尤麗天兄弟之象 之瑞今借以比

枝連縱稱雍也未敢言匹○論語仲弓第六籍亦借以比兄弟六稱
氣翁鳲鳩桑榛異詠○詩曹風鳲鳩在桑子有七人註鳲鳩秸鞠
也又名戴勝不可以布穀者也
孔懷晉室賢哲同歌○晉時関中有七賢士曰山濤王戎阮籍嵇
咸向秀劉伶嵇康飲酒清淡號為竹林七賢
至擬存荀之肅數可詠○漢荀肅數儉緄靖壽汪爽八兄弟有
才名世稱八龍○
若夫友愛周之隨夏堪稱○周文武時有士八人曰伯達伯适仲
突仲忽叔夜叔夏季隨季蝸

花萼桂梅全馥鄂不韡韡○詩棠棣之華鄂不韡韡以比映照梅
花五出桂花四出共九出
鶺鴒狐姬驪殊生衆难緈好逑○晉献公子重耳等九人晉室禍乱蕭
墻逃亡離散此可比兄弟不若者言也
就祖仁之伯仲棠枯得失同途○支州記祖仁兄弟有十有慶愍
讓孝等因名江曰廉讓江
成孔哲之弟昆娛樂憂惕不一○魯孔丘門孝中有顏回閔子冉
牛仲弓四德宰我子貢季路冉有子夏十人為哲
五音六律為金友○五音六律共十一律以比為昆最能和協也

七聖四賢作玉昆○周有七聖旦望奭畢太顛閎夭榮辛輔周至治紂有王子比干箕子高陽四賢人

爱敬列行唐堯分党○唐堯氏時四凶八元共有十二人各分党讓恭成陣顏淵問仁○論語書問仁章乃顏淵十二章之首以譽兄弟十二

論子息句法

學禮學詩傳徽○鯉孔子之子伯鯉趨庭孔子問季詩礼之語一二子均可稱

吹角吹皷流中○北齊王敬則人謂毋曰子僅可為人吹皷角亦有後應一二均可寫

之問之兒皆得絕○宋之問有子文富文祥世號絕人人所不克比也以其章之好父子三人世號三絕

觸聾觸子異怜心○趙左師觸聾爱少子舒祺如婦人之惜次子也有爱次子者用之
嗣何患更有鳳名于世○孔子時有儀封人見弟子曰二三子何患乎鳳名係毛濟美句乃子孫之好也
子如冠者豈無尨譽于塵○語書云冠者五六人以比子五六者如有四子則云四皓商山角綺季里四美人漢朝英輔帝惠
不期東敗之傷鳳毛継至○長子巳死復有子者傳曰東敗于齊長子死焉
主罷西沉之患麟趾攸至○主罷長男之称死作西沉之説麟趾句又有子在也
宝馨堪誇不意失明于二三○宝馨称人子美也卜子夏子死失明二目二三者或二三子死也
國罷可称因防微椰于四五○國罷亦称人子者也微椰鯉也死有棺而無椰言其不甚有也四五子用有傷
恐吁伯道育義承欢○晋鄧伯道無子以継姪為嗣育義係継子之称無子者用
堅郄畜婭明珠侍側○宋刘彌無子人功納畜婭育嗣殇日有姪可作後人因以姪為傳故名曰明珠侍側

論妻妾句法

志可丈夫奚賢獅吼驚人解曰河東畏內故云河東獅吼比吼吽也男人畏妻也陳季常飽奢惧內郝氏東坡詩曰雖似龍丘居士賢談經說法意茫然忽聞河東獅子吽柱杖落手心忙然

心懷君子更美牝鳴曉日解曰書經云牝雞司晨為家之索言女人主事家道不昌也牝毋雞也

定偶東都蕙質解句東都女人皆美蕙質亦美女人也有美妻者用此

宜偕南國蘭心解句南國之女亦美蘭心是女之美名欲娶好妻者用此

崇諧衛武之帷房解句衛武公先娶衛國德臣之妹美而無子又娶于陳名厲嬀生子孝伯早死又收其娣戴嬀生桓公三者用此

六月 菡萏舒紅方吐色 梧桐映綠又垂陰 狂風捲掃并人驚
七月 正逢清潔銀河靜 憶記姍妍玉女音 豈意濛濃玉露詩
八月 無心玉闕揚輝色 失意金盤着碧波 不道銀蟾隱魄精
九月 未築場圃非已至 曾凋籬菊呑方潛 豈憑心次作机関
十月 大典夜昏防暗簇 小陽春色少宜人 時来有脚暗除鋒
十一月 葭灰飛動重生意 繡線添長愈錦心 挺出荔枝雪又紛
臘月 柏松斜華形多勁 梅雪爭妍色未降 不颯狂風枝也傾
散句 批不如 未雨先撐傘 無風緊繫舟
粉墻描白虎 黑路画烏龍

若論五倫句法　椿也榮護愛不永萱也茂倚門不恒至於鶺鴒始而在園終然在野蘭房壯年可嘆梓木晚節堪誇

丙火生于十一月申左

丙火日主迺太陽之火也晶曜映于四方華美光於萬境欺霜雪海觝回寒谷之春解凍還陽足破嶮岩之積榮誕子提節令斯時黒帝專权稽壬癸之重途深憂尅厚則西方之疊見有患財多撓此如病沉沉當尋良方為用良方者何所喜戊己土功宏以服壬癸之害更羨比印生助通明永耀之光格作食神佩印自是地靈必鍾人傑天寶尽産物華家傳主重厚之風貴接剛强之氣胸羅學海

文河人推大雅筆落江花謝草世號宏通時今暫修鱗甲子寒潭
以待風雲而変化食廩秉拔明經有厚望焉至若遊伴採芹此固
分內事耳考星盤命鎮。字分經。爲主飛寫於齊國恩主之鄉
得之者太陽陞殿遇之者水輔陽光應主爲人和厚秉性端方有
碧梧翠竹之高標霽月光風之雅度上觀椿萱具並茂下察棠棣
田真淑女好逑當咏黃裳綠裏螽斯衍慶奚啻三鳳河東財田守
創廣期他年堆黃積帛其高風又可徵焉奴力寬則得衆疾厄遷（將）
心醫迁移爲新故革官祿頭角峥嵘福德閤中忙士相品少年老
誠易曰謙〻君子詩曰温〻恭人所有宮盤叙畢且把運限章程

兹行〻運絶境林裏驚聲喚醒一床巧夢杯中蛇影鳴動滿腹猜
疑旋交〻運動頎亨衢先賀小登科洞房花燭次慶大登科金榜
題名正是在〻騰〻至高閣處〻綠野絃歌步戌運庫逾龍之角鱗
之趾當可為所能預奪也灾之刑非之破猶恐不能免哉丁運不
吟白雪之詩定唱陽關之曲荒烟野蔓事萬事勞神然幸天官迎
限自有天相吉人酉丙十年坦道搆厦興田行見喜容滿面孫生
子發笑看瑞氣盈庭申運風淅〻兩絲〻兩鈴風細夢回時多少
傷心事至于乙未甲運一派佳境衣冠接踵福集子門行年午運
限倒寓刑形字內復幾時胡為遑〻欲何之

春風花草香　遊賞綠池塘踏青歸去馬蹄忙邀客飲醉壺觴一曲滿庭芳　夏日正清和魚戲動新荷西湖十里好煙波銀浪裏擲金梭人唱採蓮歌　秋涼入郊墟簡篇可卷舒十年讀盡五車書出白屋步雲衢潭潭府中居　冬嶺秀孤松六出舞迴風烏鴉爭棲飛上桐梅影瘦月朦朧人在廣寒宮

金莖露玉壺冰清風水面皓月天心芝蘭為契合松柏是同盟幽館竹床紙帳小窗黃卷青燈倚竹枕坐蒲團無些混擾有甚摧殘功名非我願富貴任君挽醉臥綠茵褥覺來紅日三竿心廣體胖食不加飡步能行穩地事不用机関寤寐不驚忘嗜慾何須採藥鍊

金丹玉殿瓊樓金鎖銀鉤揔不如岩谷清幽蒲團紙帳瓦鉢磁甌
却不知春不知夏不知秋萬事俱休功名都勾罷扳援永絕追求
溪山作伴雲月為儔但樂清閑樂自在樂優游
頻脫塵羈深處幽棲几騰〻絕慮忘机繩床石枕竹榻柴扉却也
無憂也無喜也無悲淡飯黃虀寂寞相宜類狐云野鶴無疑策笻
峯頂岩洞閒嬉但看青山看綠水看雲飛听天由命守此心田榮
辱事于我何干盈庭苍蒲滿案書篇尽可消閒可適意可圖安竹
籬茅舍只要寬心布衣得暖不破不鮮日長晴蔬飯三餐不求金
玉貴但願子孫賢我也不聾也不啞也不顛

小門深巷巧安排。沒有塵埃，却也蕭蕭（有），自然瀟洒勝蓬萊。山也幽哉，水也幽哉。東風昨夜送春來。纔見梅開，又見桃開，十分相稱主人懷。○綠楊深處畫鳴蟬。捲起珠簾，放出爐烟。荷花池館晚涼天。一庭疎竹間芭蕉。風也瀟瀟，雨也瀟瀟。木樨香裡，吹簫歸來。風景逼心清，雪滿中庭（日滿中庭），一炉松火暖騰騰。捲楊花西復東。江湖常把扁舟過。飄風黃葉落空。退出白雲峯。穿簾入戶，銀燭影搖紅。遲遲嬌姿粧嫩腮，千紅萬紫今愛嬌嬌滴滴，滿臺翠竟（三百色）滿階。佳人笑倚欄杆。蝴蝶越飛飄白蓝。占斷藍溪道。銀鋪小橋玉漿破窑，望江天，滿目梨花耀。

将相王侯本是三盤載定，妻財子祿無非七政安排。
一筆如刀劈开崑山分玉石，五星似鏡照破滄海辨魚龍。
腰金庶民原是四柱安定，衣紫公卿皆由五星配合。